D1822531

फ़ैज़ अहमद 'फ़ैज़'

जन्म : 13 फ़रवरी, 1911; गाँव–काला कादर, सियालकोट (पाकिस्तान)।

शिक्षा : आरम्भिक धार्मिक शिक्षा मौलवी मुहम्मद इब्राहिम मीर सियालकोटी से प्राप्त की। मैट्रिक स्कॉच मिशन स्कूल और स्नातकोत्तर मुरे कॉलेज, सियालकोट से। वामपंथी विचारधारा के जुझारू पैरोकार फ़ैज़ ने 1936 में *प्रगतिशील लेखक संघ* की एक शाखा पंजाब में आरम्भ की। 1935 में एम.ए.ओ. कॉलेज, अमृतसर और बाद में हेली कॉलेज ऑफ़ कॉमर्स, लाहौर में अध्यापन। 1938-1942 के दौरान उर्दू मासिक *अदबे-लतीफ़* का सम्पादन। कुछ समय तक फ़ैज़ ब्रिटिश इंडियन आर्मी में भी रहे, जहाँ 1944 में उन्हें लेफ़्टिनेंट कर्नल के पद पर पदोन्नत किया गया था। 1947 में सेना से इस्तीफ़ा देने के बाद *पाकिस्तान टाइम्स* के पहले प्रधान सम्पादक बने। 1959 से 1962 तक *पाकिस्तान आर्ट्स काउंसिल* के सचिव रहे।

1964 में लंदन से वापस आने के बाद फ़ैज़ कराची में अब्दुल्लाह हारून कॉलेज के प्रिंसिपल नियुक्त हुए।

1951 में फ़ैज़ को रावलपिंडी षड्यंत्र केस में चार साल की जेल की सज़ा भी हुई, जहाँ उन्होंने जीवन की कड़वी सच्चाइयों से सीधा साक्षात्कार किया।

प्रमुख रचनाएँ : *नक़्श-ए-फ़रियादी* (1941), *दस्ते-सबा* (1953), *ज़िन्दाँनामा* (1956), *मीज़ान* (1956), *दस्ते-तहे-संग* (1965), *सरे-वादिए-सीना* (1971), *शामे-शह्‌रे-याराँ* (1979), *मिरे दिल मिरे मुसाफ़िर* (1981), *ग़ुबारे-अय्यम, सारे सुख़न हमारे* (फ़ैज़ समग्र) लंदन से और *नुस्ख़हा-ए-वफ़ा* (फ़ैज़ समग्र) पाकिस्तान से, *पाकिस्तानी कल्चर* (उर्दू और अंग्रेज़ी में) (1984)। राजकमल से *प्रतिनिधि कविताएँ* प्रकाशित।

फ़ैज़ की रचनाओं का अंग्रेज़ी, रूसी, बलोची, हिन्दी सहित दुनिया की अनेक भाषाओं में अनुवाद हो चुका है।

पुरस्कार : *लेनिन पीस प्राइज़, द पीस प्राइज़* (पाकिस्तानी मानवाधिकार सोसायटी), *निगार अवार्ड, द एविसेना अवार्ड, निशाने-इम्तियाज़* (मरणोपरान्त)। 1984 में मृत्यु से पहले *नोबेल प्राइज़* के लिए नामांकन हुआ था।

निधन : 20 नवम्बर, 1984, लाहौर।

दस्ते-तहे-संग

फ़ैज़ अहमद 'फ़ैज़'

लिप्यंतरण

अब्दुल बिस्मिल्लाह

सम्पादन

अब्दुल बिस्मिल्लाह

धर्मेन्द्र सुशांत

राजकमल पेपरबैक्स

राजकमल पेपरबैक्स में
पहला संस्करण : 2024

© एलिस फ़ैज़

राजकमल पेपरबैक्स : उत्कृष्ट साहित्य के जनसुलभ संस्करण

राजकमल प्रकाशन प्रा. लि.
1-बी, नेताजी सुभाष मार्ग, दरियागंज
नई दिल्ली-110 002
द्वारा प्रकाशित

शाखाएँ : अशोक राजपथ, साइंस कॉलेज के सामने, पटना-800 006
पहली मंजिल, दरबारी बिल्डिंग, महात्मा गांधी मार्ग, इलाहाबाद-211 001
1, अनमोल सोराबजी सन्तुक लेन, धोबी तलाव, मरीन लाइंस, मुम्बई-400 002

वेबसाइट : www.rajkamalprakashan.com
ई-मेल : info@rajkamalprakashan.com

विकास कम्प्यूटर एंड प्रिंटर्स
ट्रॉनिका सिटी-201 102
द्वारा मुद्रित

मूल्य : ₹199

DASTE-TAHE-SANG
Poems by Faiz Ahmad 'Faiz'
Transliteration by Abdul Bismillah

ISBN : 978-93-6086-152-0

इन्तिसाब*

देस-परदेस के याराने-क़दहख़्वार[1] के नाम
हुस्ने-आफ़ाक़[2] जमाले-लबो-रुख़सार[3] के नाम

* समर्पण।

1. शराब पीने वाले दोस्तों, 2. उषाओं के सौन्दर्य, 3. होंठों और कपोलों की सुन्दरता।

सरे-आग़ाज़

शायद कभी इफ़्शा[1] हो, निगाहों पे तुम्हारी
हर सादा वरक़, जिस सुख़ने-कुश्त:[2] से ख़ूँ[3] है
शायद कभी उस गीत का परचम हो सर-अफ़राज़[4]
जो आमदे-सरसर[5] की तमन्ना में निगूँ[6] है
शायद कभी उस दिल की रग तुम्हें चुभ जाए
जो संगे-सरे-राह[7] की मानिन्द ज़बूँ[8] है

---

1. प्रकट, 2. मारी गई कविता, घायल शब्द, 3. ख़ून, 4. ऊँचा, 5. आँधी आना, 6. नीचे, झुका हुआ, 7. रास्ते का पत्थर, 8. निकृष्ट।

तक़रीर

फ़ैज़ साहब की तक़रीर जो उन्होंने मॉस्को में अलअक़्वामी लेनिन अमन इनआम[1] के पुरशुकोह[2] तक़रीब[3] के मौक़े पर उर्दू ज़बान में की :

मोहतरम अराकीने-मजलिसे-सदारत[4], ख़वातीन और हज़रात!

अल्फ़ाज़ की तख़्लीक[5] व तरतीब शाइर और अदीब का पेशा है। लेकिन ज़िन्दगी में बाज़ मवाक़े[6] ऐसे भी आते हैं जब यह क़ुदरते-कलाम[7] जवाब दे जाती है। आज इज्ज़े-बयान[8] का ऐसा ही मरहला मुझे दरपेश है। ऐसे कोई अल्फ़ाज़ मेरे ज़हेन में नहीं आ रहे, जिनमें अपनी इज़्ज़त-अफ़ज़ाई के लिए लेनिन प्राइज़ कमेटी, सोवियट (सोवियत) यूनियन के मुख़्तलिफ़ इदारों[9], दोस्तों और सब ख़वातीन और हज़रात का शुक्रिया ख़ातिर-ख़्वाह[10] तौर से अदा कर सकूँ। लेनिन अमन इनआम की अज़्मत[11] तो इसी एक बात से वाज़ह[12] है कि इससे लेनिन का मोहतरम नाम और मुक़द्दस[13] लफ़्ज़ वाबस्ता है। लेनिन जो दौरे-हाज़िर[14] में इनसानी हुर्रियत[15] का सबसे बुज़ुर्ग-इल्म-बरदार[16] है और अमन जो इनसानी ज़िन्दगी के हुस्न व ख़ूबी की शर्ते-अव्वल है। मुझे अपनी तहरीर व अमल में ऐसा कोई काम नज़र नहीं आता जो इस अज़ीम एज़ाज़[17] के शायाने-शान[18]

---

1. अन्तरराष्ट्रीय लेनिन शान्ति पुरस्कार, 2. शानदार, भव्य, 3. समारोह, 4. सभा के अध्यक्ष-मंडल, 5. रचना, सृजन, 6. कुछ अवसर, 7. वाणी की शक्ति या सामर्थ्य, 8. बयान करने की असमर्थता, 9. संस्थाओं, 10. मनोवांछित, 11. श्रेष्ठता, 12. स्पष्ट, 13. पवित्र, 14. वर्तमान समय, 15. स्वाधीनता, 16. श्रेष्ठ ज्ञान से युक्त, 17. सम्मान, 18. हैसियत के मुताबिक़।

हो। लेकिन इस इज़्ज़त-बख़्शी की एक वजह ज़रूर ज़ेहन में आती है और वह यह है कि जिस तमन्ना और आदर्श के साथ मुझे और मेरे साथियों को वाबस्तगी[1] रही है यानी अमन और आज़ादी की तमन्ना, वह बजाय-ख़ुद[2] इतनी अज़ीम है कि इस वास्ते से उनके हक़ीर[3] और अदना कारकुन[4] भी इज़्ज़त और इकराम[5] के मुस्तहक़ ठहरते हैं।

यूँ तो ज़ेहनी तौर से मजनून[6] और जरायमपेशा लोगों के अलावा सभी मानते हैं कि अमन और आज़ादी बहुत हसीन और ताबनाक[7] चीज़ है और सभी तसव्वुर कर सकते हैं कि अमन गन्दुम[8] के खेत हैं और सफ़ेदे के दरख़्त, दुल्हन का आँचल है और बच्चों के हँसते हुए हाथ, क़लम है और मुसव्विर[9] का मू-ए-क़लम[10] और आज़ादी इन सब सिफ़ात[11] की ज़ामिन[12] और ग़ुलामी इन सब ख़ूबियों की क़ातिल है जो इनसानों और हैवानों में तमीज़[13] करती है। यानी शऊर और ज़हानत[14], इनसाफ़ और सदाक़त[15], वक़ार[16] और शुजाअत[17], नेकी और रवादारी[18]। इसलिए बज़ाहिर अमन और आज़ादी के हुसूल[19] और तकमील[20] के मुताल्लिक़ होशमन्द इनसानों में एख़्तेलाफ़ की गुंजाइश होना चाहिए। लेकिन बदक़िस्मती से यूँ नहीं है कि इनसानियत की इब्तिदा[21] से अब तक हर अहेद[22] और हर दौर में मुतज़ाद[23] अवामिल[24] और क़ूव्वतें बरसरे-अमल[25] और बरसरे-पैकार[26] रही हैं। ये क़ूव्वतें हैं—तख़रीब[27] व तामीर, तरक़्क़ी और ज़वाल[28], रौशनी और तीरगी[29], इनसाफ़-दोस्ती और इनसाफ़-दुश्मनी की क़ूव्वतें। यही सूरत आज भी है और इसी नवैयत की कशमकश आज भी जारी है। लेकिन साथ ही साथ आजकल इनसानी मसाइल[30] और गुज़श्ता[31] दौर की इनसानी उलझनों में कई नवैयतों से भी फ़र्क़ है। दौरे-हाज़िर में जंग

---

1. सम्बन्ध, जुड़ाव, 2. अपने आप में, 3. तुच्छ, 4. कार्यकर्ता, 5. सम्मान, 6. दीवाना, 7. चमकदार, 8. गेहूँ, 9. चित्रकार, 10. ब्रश का बाल (यहाँ क़लम का तात्पर्य ब्रश से है), 11. गुणों, 12. ज़मानत देनेवाला, 13. अन्तर, 14. बुद्धिमत्ता, 15. सच्चाई, 16. प्रतिष्ठा, 17. वीरता, 18. सहृदयता, 19. प्राप्ति, 20. पूर्णता, 21. आरम्भ, 22. युग, 23. एक-दूसरे के विरुद्ध, 24. कार्य (बहुवचन में), 25. कार्यरत, 26. युद्धरत, 27. विनाश, 28. पतन, 29. अँधेरा, 30. समस्याएँ, 31. गुज़रा हुआ।

से दो क़बीलों का बाहमी[1] ख़ून-ख़राबा मुराद[2] नहीं है। न आजकल अमन से ख़ून-ख़राबे का ख़ात्मा मुराद है। आजकल जंग और अमन के मा'नी हैं अमने-आदम[3] की बक़ा[4] और फ़ना[5]। बक़ा और फ़ना इन दो अल्फ़ाज़ पर इनसानी तारीख़ के ख़ात्मे या तसलसुल[6] का दारोमदार है। यह पहला फ़र्क़ है। दूसरा फ़र्क़ यह है कि अब से पहले इनसानों को फ़ितरत के ज़ख़ाइर[7] पर इतनी दस्तरस[8] और पैदावार के ज़रा'ए[9] पर इतनी क़ुदरत[10] न थी कि हर गिरोह और बिरादरी की ज़रूरतें पूरी तरह से तस्कीन पा सकतीं। इसलिए आपस में छीन-झपट और लूट-मार का कुछ न कुछ जवाज़[11] भी मौजूद है। लेकिन अब यह सूरत नहीं है। इनसानी अक़्ल साइंस और सनअत[12] की बदौलत उस मंज़िल पर पहुँच चुकी है जिसमें सब तन बख़ूबी पल सकते हैं और सभी झोलियाँ भर सकती हैं। बशर्ते कि क़ुदरत के ये बेबहा[13] ज़ख़ाइर, पैदावार के ये बेअन्दाज़ा ख़िर्मन[14], बाज़ इजारादारों और मख़सूस तब्क़ों की तस्कीने-हवस[15] के लिए नहीं, बल्कि जुमला[16] इनसानों की बहबूद[17] के लिए काम में लाए जाएँ और अक़्ल और साइंस और अनअत की कुल ईज़ादें[18] और सलाहियतें तख़रीब के बजाय तामीरी मंसूबों[19] में सर्फ़ हों। लेकिन यह जभी मुमकिन है कि इनसानी मआशरे में इन मक़ासिद से मुताबक़त[20] पैदा हो और इनसानी मआशरे के ढाँचे की बन्नाएँ[21] हवस एस्तेहसाल[22] और इजारादारी के बजाय इनसाफ़, बराबरी, आज़ादी और इज्तिमाई[23] ख़ुशहाली में उठाई जाएँ। अब यह ज़ेहनी और ख़याली बात नहीं, असली काम है। इस असल में अमन की जद्दोजहद और आज़ादी की हदें आपस में मिल जाती हैं। इसलिए कि अमन के दोस्त और दुश्मन और आज़ादी के दोस्त और दुश्मन एक ही क़बीले के लोग, एक ही नौअ[24] की क़ूव्वतें हैं। एक तरफ़ वो साम्राजी क़ूव्वतें

---

1. आपसी, 2. तात्पर्य, 3. मनुष्य की शान्ति, 4. जीवन, 5. मृत्यु, 6. निरन्तरता, 7. भंडार (बहुवचन में), 8. पहुँच, 9. माध्यमों, 10. सामर्थ्य, 11. औचित्य, 12. कार्य-कौशल, 13. बहुमूल्य, 14. खलिहान, 15. हवस (लोभ) से सन्तुष्टि, 16. समस्त, 17. कल्याण, 18. आविष्कार (बहुवचन में), 19. योजनाओं, 20. समानता, 21. इमारतें, 22. हासिल करना, 23. सामूहिक, 24. जाति।

हैं जिनके मफ़ाद[1], जिनके इजारे जब्र[2] और हसद[3] के बग़ैर क़ायम नहीं रह सकते और जिन्हें उन इजारों के तहफ़्फ़ुज़[4] के लिए पूरी इनसानियत की भेंट क़बूल है। दूसरी तरफ़ वो ताक़तें हैं जिन्हें बंकों (बैंकों) और कम्पनियों की बनिस्बत इनसानों की जान ज़्यादा अज़ीज़[5] है। जिन्हें दूसरों पर हुक्म चलाने के बजाय आपस में हाथ बँटाने और साथ मिलकर काम करने में ज़्याद लुत्फ़ आता है। सियास व एख़लाक़, अदब और फ़न, रोज़मर्रा की ज़िन्दगी ग़र्ज़[6] कि कई महाज़ों[7] पर कई सूरतों में तामीर और तख़रीब इनसान-दोस्ती और इनसान-दुश्मनी की यह चपक़ुलस[8] जारी है। आज़ादीपसन्द और अमनपसन्द लोगों के लिए इनमें से हर महाज़ और हर सूरत पर तवज्ज़ो देना ज़रूरी है। मिसाल के तौर पर साम्राजी और ग़ैर-साम्राजी क़ूव्वतों की लाज़िमी कशमकश के अलावा बदक़िस्मती से बाज़ ऐसे मुमालिक में भी शदीद एख़्तेलाफ़ात मौजूद हैं, जिन्हें हाल ही में आज़ादी मिली। ऐसे एख़्तेलाफ़ात हमारे मुल्क पाकिस्तान और हमारे सबसे क़रीबी हमसाया हिन्दोस्तान में मौजूद हैं। ज़ाहिर है कि इनके एख़्तेलाफ़ात से वही ताक़तें फ़ायदा उठा सकती हैं जो अम्ने-आलम[9] और इनसानी बिरादरी की दोस्ती और यगानियत[10] को पसन्द नहीं करतीं। इसलिए सुलहपसन्द और अमनदोस्त सफ़ों[11] में इन एख़्तेलाफ़ात के मुंसिफ़ाना[12] हल पर ग़ौरो-फ़िक्र और उस हल में इम्दाद देना भी लाज़िम है।

अब से कुछ दिन पहले जब सोवियट फ़िज़ाओं का ताज़ा कारनामा हर तरफ़ दुनिया में गूँज रहा था तो मुझे बार-बार ख़याल आता रहा कि आजकल जब हम सितारों की दुनिया में बैठकर अपनी ही दुनिया का नज़ारा कर सकते हैं तो छोटी-छोटी कमीनगियाँ, ख़ुदग़र्ज़ियाँ, ये ज़मीन के चन्द टुकड़ों को बाँटने की कोशिशें और इनसानों की चन्द टोलियों पर अपना सिक्का चलाने की ख़्वाहिश कैसी बईद-अज़-अक़्ल[13] बाते हैं। अब जबकि सारी कायनात के रास्ते हम पर कुशादा[14] हो गए हैं।

---

1. लाभ, 2. अत्याचार, 3. ईर्ष्या, 4. सुरक्षा, 5. प्यारी, 6. मतलब यह कि, 7. मुक़ाबलों, 8. खींचातानी, 9. विश्व शान्ति, 10. सहमति, 11. पंक्तियों, 12. न्यायोचित, 13. बुद्धि से अतिरिक्त, 14. फैला हुआ विस्तृत।

सारी दुनिया के ख़ज़ीने[1] इनसानी बस में आ सकते हैं। तो क्या इनसानों में ज़ीशऊर[2], मुंसिफ़मिज़ाज[3] और दयानतदार[4] लोगों की इतनी तादाद मौजूद नहीं है जो सबको मनवा सके कि ये जंगी अड्डे समेट लो। ये बम और रॉकेट, तोपें, बन्दूक़ें समन्दर में ग़र्क कर दो और एक-दूसरे पर क़ब्ज़ा जमाने की बजाय सब मिलकर तस्ख़ीरे-कायनात[5] को चलो, जहाँ जगह की कोई तंगी नहीं है, जहाँ किसी को किसी से उलझने की ज़रूरत नहीं है, जहाँ लामहदूद[6] फ़िज़ाएँ हैं और अनगिनत दुनियाएँ। मुझे यक़ीन है कि सब रुकावटों और मुश्किलों के बावजूद हम लोग अपनी इनसानी बिरादरी से यह बात मनवा कर रहेंगे।

मुझे यक़ीन है कि इनसानियत, जिसने अपने दुश्मनों से आज तक कभी हार नहीं खाई, अब भी फ़तेहआब होकर रहेगी। और आख़िरकार जंग व नफ़रत और ज़ुल्म व कुदूरत[7] के बजाय हमारी बाहमी ज़िन्दगी की बिना वही ठहरेगी, जिसकी तल्क़ीन[8] अब से बहुत पहले फ़ारसी शाइर हाफ़िज़ ने की थी—

ख़लल पज़ीर बुवद हर बिना कि मी बीनी
मगर बिना-ए-मुहब्बत कि ख़ाली अज़ ख़लल अस्त*

---

* विघ्न को स्वीकार करनेवाले को हालाँकि हर आधार पर मैंने देखा है मगर मुहब्बत के मामले में वह विघ्न-रहित होता है।
[इस शे'र का कोई अन्य अर्थ भी हो सकता है।]

1. ख़ज़ाने, 2. समझदार, 3. न्यायकर्ता के स्वभाव वाला, 4. ईमान वाला, ईमानदार, 5. विश्व विजय, 6. असीम, 7. मनोमालिन्य, 8. सदुपदेश।

फ़ैज़...अज़ फ़ैज़

अपने बारे में बातें करने से मुझे सख़्त वहशत[1] होती है। इसलिए कि सब 'बोर' लोगों का मरग़ूब[2] शग़ल यही है। इस अँग्रेज़ी लफ़्ज़ के लिए मआ'ज़रत[3] चाहता हूँ, लेकिन अब तो हमारे यहाँ इसके मुश्तिक़ात[4] बोरियत वग़ैरह भी इस्तेमाल में आने लगे हैं। इसीलिए अब इसे उर्दू रोज़मर्रा में शामिल समझना चाहिए। तो मैं यह कह रहा था कि मुझे अपने बारे में क़ील-ओ-क़ाल[5] बुरी लगती है। बल्कि मैं तो शे'र में भी हत्ती-उल-इमकान[6] वाहिद-मुत्कल्लिम[7] सीग़:[8] इस्तेमाल नहीं करता और 'मैं' के बजाय हमेशा से 'हम' लिखता आया हूँ। चुनांचे जब अदबी सुराग़रसाँ हज़रात मुझसे यह पूछने बैठते हैं कि तुम शे'र क्यों कहते हो, तो बात को टालने के लिए जो दिल में आए कह देता हूँ। मसलन यह कि भई मैं जैसे भी कहता हूँ, जिस लिए भी कहता हूँ तुम शे'र में ख़ुद ढूँढ़ लो। मेरा सर खाने की क्या ज़रूरत है? लेकिन उनमें से ढीठ क़िस्म के लोग जब भी नहीं मानते। चुनांचे आज की गुफ़्तगू की सब ज़िम्मेदारी उन हज़रात के सर है, मुझ पर नहीं है।

शे'रगोई[9] का वाहिद उ'ज़्रे-गुनाह[10] तो मुझे नहीं मालूम। इसमें बचपन की फ़ज़ा-ए-गिर्दो-पेश[11] में शे'र का चर्चा, दोस्त अहबाब की तरग़ीब[12] और दिल की लगी सभी कुछ शामिल है। यह 'नक़्श-ए-फ़रियादी' के पहले हिस्से की बात है जिसमें 28-29 ई. से 34-35 ई. तक की तहरीरें

---

1. भय, 2. मनपसन्द, 3. क्षमा, 4. बनाए हुए, 5. तर्क-वितर्क, 6. यथासम्भव, 7. एकमात्र बोलने वाला या इल्म का कलाम जाने वाला, 8. विभाग (व्याकरण से सम्बन्धित), 9. शे'र कहना, 10. गुनाह करने की मजबूरी, 11. चारों तरफ़, 12. प्रेरणा।

शामिल हैं। जो हमारी तालिबिल इल्मी[1] के दिन थे। यूँ तो उन सब अशआ'र का क़रीब-क़रीब एक ही ज़ेहनी और जज़्बाती वारदात से तअल्लुक़ है और उस वारदात का ज़ाहिरी मुहर्रिक[2] तो वही हादसा है जो उस उम्र में अक्सर नौजवान दिलों पर गुज़र जाया करता है। लेकिन अब जो देखता हूँ तो यह दौर भी एक दौर नहीं था, बल्कि इसके भी दो अलग-अलग हिस्से थे जिनकी दाख़िली[3] और ख़ारिजी[4] कैफ़ियत काफ़ी मुख़्तलिफ़ थी। वह यूँ है कि 20 से 30 (सन् 1920-1930) तक का ज़माना हमारे यहाँ मआ'शी[5] और समाजी तौर से कुछ अजब तरह की बेफ़िक्री, आसूदगी[6] और वलवल:अंगेजी[7] का ज़माना था, जिसमें अहम क़ौमी और सियासी तहरीकों[8] के साथ-साथ नस्र-ओ-नज़्म[9] में बेशतर संजीदा फ़िक्र-ओ-मुशाहदा[10] के बजाय कुछ रँगरेलियाँ मनाने का-सा अन्दाज़ था। शे'र में अव्वलन हसरत मोहानी और उनके बाद जोश, हफ़ीज़ जालन्धरी और अख़्तर शीरानी की रियासत क़ायम थी। अफ़साने में यल्दरम और तन्क़ीद[11] में हुस्न-बराए-हुस्न और अदब-बराए-अदब का चर्चा था।

'नक़्श-ए-फ़रियादी' की इब्तिदाई[12] नज़्में "ख़ुदा वह वक़्त न लाए कि सोगवार[13] हो तू," "मिरी जाँ अब भी अपना हुस्न वापस फेर दे मुझको," "तहे-नजूम[14] कहीं चाँदनी के दामन में" वग़ैरह-वग़ैरह उसी माहौल के ज़ेरे-असर मुरत्तब हुईं और उस फ़िज़ा में इब्तिदा-ए-इश्क़ का तहय्युर[15] भी शामिल था, लेकिन हम लोग उस दौर की एक झलक भी ठीक से न देख पाए थे कि सोहबते-यार आख़िर शुद।[16] फिर देस पर आलमी-कसादबाज़ारी[17] के साये ढलने शुरू हुए। कॉलेज के बड़े-बड़े बाँके तीस-मार खाँ तलाशे-मआश[18] में गलियों की ख़ाक फाँकने लगे। ये वो दिन थे जब यकाएक बच्चों की हँसी बुझ गई, उजड़े हुए किसान खेत-खलिहान छोड़कर शहरों में मज़दूरी करने लगे और अच्छी-खासी शरीफ़ बहू-बेटियाँ बाज़ार में आ

---

1. विद्यार्थी-जीवन, 2. उत्तेजक, 3. आन्तरिक, 4. बाहरी, 5. आर्थिक, 6. ख़ुशहाली, 7. उत्साहवर्धक, 8. आन्दोलनों, 9. गद्य और पद्य, 10. चिन्तन और निरीक्षण, 11. आलोचना, 12. आरम्भिक, 13. दुखी, 14. सितारों-तले, 15. विस्मय, 16. यार की सोहबत ख़त्म हुई, 17. वैश्विक बाज़ार की मन्दी, 18. रोज़गार की ख़ोज।

बैठीं। घर के बाहर का यह हाल था और घर के अन्दर मर्गे-सोज़े-मुहब्बत[1] का कोहराम मचा था। यकाएक यूँ महसूस होने लगा कि दिलो-दिमाग़ पर सभी रास्ते बन्द हो गए हैं और अब यहाँ कोई नहीं आएगा। उस कैफ़ियत का इख़्तिताम[2] जो 'नक़्श-ए-फ़रियादी' के पहले हिस्से में आख़िरी नज़्मों की कैफ़ियत है, एक निस्बतन[3] ग़ैरमारूफ़[4] नज़्म पर होता है, जिसे मैंने 'यास'[5] का नाम दिया था, वह यूँ है :

यास

बरबते-दिल[6] के तार टूट गए
हैं ज़मींबोस[7] राहतों के महल
मिट गए क़िस्स:हा-ए-फ़िक्रो-अमल[8]
बज़्मे-हस्ती के जाम फूट गए
छिन गया कैफ़े-कौसरो[9]-तस्नीम[10]

ज़हमते-गिरिय:[11]ओ-बुका[12] बे-सूद[13]
शिकव:-ए-बख़्ते-नारसा[14] बे-सूद
हो चुका ख़त्म रहमतों का नुज़ूल[15]
बन्द है मुद्दतों से बाबे-क़बूल[16]
बे-नियाज़े[17]-दुआ है रब्बे-करीम

बुझ गई शम्ए-आरज़ू-ए-जमील[18]
याद बाक़ी है बेकसी की दलील

---

1. प्रेम की तपिश की मृत्यु, 2. समाप्ति, 3. अपेक्षाकृत, 4. अपरिचित, 5. निराशा, 6. दिल का 'बरबत' [सितार की तरह का एक वाद्य], 7. ज़मीन को चूमना (धराशायी), 8. चिन्तन और व्यवहार का क़िस्सा, 9. कौसर (स्वर्ग की शराब) का आनन्द, 10. स्वर्ग की एक नहर 11. विलाप का कष्ट, 12. जीवन, 13. बेक़ायदा, 14. दुर्भाग्य की शिकायत, 15. अवतरण, 16. स्वीकृति का द्वार, 17. निस्पृह, 18. हसीन (प्रेमिका) की आरज़ू का शम्मा (शमा)।

इन्तज़ारे-फ़िज़ूल रहने दे
राज़े-उल्फ़त निबाहने वाले
बारे-ग़म से कराहने वाले
काविशे-बे-हुसूल[1] रहने दे

34 ई. (1934 ई.) में हम लोग कॉलेज से फ़ारिग़ हुए और 35 ई. (1935 ई.) में मैंने एम.ए.ओ. कॉलेज, अमृतसर में मुलाज़मत कर ली। यहाँ से मेरी और मेरे बहुत से हमअस्र[2] लिखने वालों के ज़ेहनी और जज़्बाती ज़िन्दगी का नया दौर शुरू होता है। इस दौरान कॉलेज में अपने रफ़क़ा[3] साहबज़ादा महमूदुलज़फ़र मरहूम और उनकी बेगम रशीदजहाँ से मुलाक़ात हुई। फिर तरक़्क़ीपसन्द तहरीक[4] की दाग़बेल[5] पड़ी, मज़दूर तहरीकों का सिलसिला शुरू हुआ और यूँ लगा कि जैसे गुलशन में एक नहीं कई दबिस्ताँ[6] खुल गए हैं। उस दबिस्ताँ में सबसे पहला सबक जो हमने सीखा था कि अपनी ज़ात[7] बाक़ी दुनिया से अलग करके सोचना अव्वल तो मुमकिन ही नहीं, इसलिए कि उसमें बहरहाल गिर्दोपेश[8] के सभी तजुर्बात शामिल होते हैं और अगर ऐसा मुमकिन हो भी तो इन्तिहाई ग़ैर-सूदमन्द फ़ेल[9] है कि एक इनसानी फ़र्द[10] की ज़ात अपनी सब मुहब्बतों और कुदूरतों[11] या मसर्रतों और रंजिशों के बावजूद बहुत ही छोटी-सी बहुत ही महदूद[12] और हक़ीर[13] शै[14] है। इसकी वुसअत[15] और पह्नाई[16] का पैमाना तो बाक़ी आलमे-मौजूदात[17] से इसके ज़ेहनी और जज़्बाती रिश्ते हैं। ख़ास तौर पर इनसानी बिरादरी के मुश्तरका दुख-दर्द के रिश्ते। चुनांचे ग़मे-जानाँ और ग़मे-दौराँ[18] तो एक ही तजुर्बे के दो पहलू हैं। इस नए एहसास की इब्तिदा 'नक़्श-ए-फ़रियादी' के दूसरे हिस्से की पहली नज़्म

1. निष्फल खोज, 2. समकालीन, 3. दोस्त (बहुवचन में), 4. प्रगतिशील आन्दोलन, 5. तात्पर्य है नींव, 6. पाठशालाएँ, 7. जाति, व्यक्तित्व, 8. चारों तरफ़, 9. लाभविहीन कार्य, 10. एक व्यक्ति, 11. मनोमालिन्य, 12. सीमित, 13. तुच्छ, 14. चीज़, 15. विस्तार, 16. विस्तृत, चौड़ा-चकला, 17. सब चीज़ों की दुनिया, 18. प्रेमिका का दुख और ज़माने का दुख।

से होती है। उस नज़्म का उन्वान[1] है—"मुझसे पहली-सी मुहब्बत मिरी महबूब न माँग" और अगर आप ख़ातून[2] हैं तो "मिरे महबूब न माँग"—

मुझसे पहली-सी मुहब्बत मिरी महबूब न माँग

मुझसे पहली-सी मुहब्बत मिरी महबूब न माँग
मैंने तो समझा था कि तू है तो दरख़्शाँ[3] है हयात
तेरा ग़म है तो ग़मे-दह्र का झगड़ा क्या है
तेरी सूरत से है आलम में बहारों को सबात[4]
तेरी आँखों के सिवा दुनिया में रक्खा क्या है
तू जो मिल जाए तो तक़दीर निगूँ[5] हो जाए
यूँ न था, मैंने फ़क़त चाहा था यूँ हो जाए

और भी दुख हैं ज़माने में मुहब्बत के सिवा
राहतें और भी हैं वस्ल[6] की राहत के सिवा

अनगिनत सदियों के तारीक[7] बहीमान: तिलिस्म[8]
रेशमो-अतलसो-किमख़्वाब में बनवाए हुए
जा-ब-जा बिकते हुए कूच:-ओ-बाज़ार में जिस्म
ख़ाक में लिथड़े हुए ख़ून में नहलाए हुए
जिस्म निकले हुए अमराज़[9] के तन्नूरों[10] से
पीप बहती हुई गलते हुए नासूरों से
लौट जाती है उधर को भी नज़र क्या कीजे
अब भी दिलकश है तिरा हुस्न मगर क्या कीजे
और भी दुख हैं ज़माने में मुहब्बत के सिवा
राहतें और भी हैं वस्ल की राहत के सिवा
मुझसे पहली-सी मुहब्बत मिरी महबूब न माँग

---

1. शीर्षक, 2. स्त्री, 3. चमकता हुआ, 4. स्थायित्व, मज़बूती, 5. झुका हुआ, 6. मिलन, 7. अँधेरा, 8. उद्दंडतापूर्ण इन्द्रजाल, 9. रोग (बहुवचन में), 10. तन्दूर, आग की भट्ठी।

इसके बाद तेरह-चौदह बरस "क्यों न जहाँ का ग़म अपना लें" में गुज़रे और फिर फ़ौज, सहाफ़त[1] ट्रेड यूनियन वग़ैरह में गुज़ारने के बाद हम चार बरस के लिए जेलख़ाने चले गए। 'नक़्श-ए-फ़रियादी' के बाद दो किताबें 'दस्ते-सबा' और 'ज़िन्दाँनामा' उसी जेलख़ाने की यादगारें हैं, बुनियादी तौर से तो ये तहरीरें उन्हीं ज़ेहनी महसूसात और मामूलात[2] से मुंसलिक हैं जिनका सिलसिला "मुझसे पहली-सी मुहब्बत" से शुरू हुआ था, लेकिन जेलख़ाना आशिक़ी की तरह ख़ुद एक बुनियादी तजुर्बा है, जिसमें फ़िक्रो-नज़र[3] का एक-आध नया दरीचा ख़ुद-ब-ख़ुद खुल जाता है। चुनांचे अव्वल तो यह है कि इब्तिदा-ए-शबाब[4] की तरह तमाम हिस्सियात यानी sensations फिर तेज़ हो जाती हैं और सुबह की पौ, शाम के धुंधलके, आसमान की नीलाहट, हवा के गुदाज़[5] के बारे में वही पहला-सा तहय्युर[6] लौट आता है। दूसरे यूँ होता है कि बाहर की दुनिया का वक़्त और फ़ासले दोनों बातिल[7] हो जाते हैं, नज़दीक की चीज़ें भी बहुत दूर हो जाती हैं और दूर की नज़दीक और फ़र्दावदी[8] का तफ़रका[9] (तफ़्रिक:) कुछ इस तौर से मिट जाता है कि कभी एक लम्हा क़यामत मालूम होता है और कभी एक सदी कल की बात। तीसरी बात यह है कि फ़रागते-हिज्राँ[10] में फ़िक्रो-मुताला[11] के साथ अरुसे-सुख़न[12] के ज़ाहिरी बनाव-सिंगार पर तवज्जो देने की ज़्यादा मोहलत मिलती है। जेलख़ाने के भी दो दौर थे। एक हैदराबाद जेल का जो उस तजुर्बे के इन्किशाफ़[13] के तहरीर का ज़माना था, एक मंटगुमरी (मांटगोमरी) जेल का जो उस तजुर्बे से उकताहट और थकन का ज़माना था। उन दो कैफ़ियतों की नुमाइन्दा ये दो नज़्में हैं। पहली 'दस्ते-सबा' में है और दूसरी 'ज़िन्दाँनामा' में है—

---

1. पत्रकारिता, 2. रोज़मर्रा के काम, 3. चिन्तन और दृष्टि, 4. जवानी का आरम्भ, 5. मांसल, 6. विस्मय, 7. झूठ, ग़लत, 8. आने वाला कल (मूल उर्दू में फ़दावदी लिखा है, जबकि इस प्रकार का कोई शब्द नहीं मिलता), 9. परस्पर विरोध, 10. विरह से मुक्ति, 11. चिन्तन और अध्ययन, 12. कविता रूपी दुल्हन, 13. प्रकट होना (या करना)।

ज़िन्दाँनामा की एक शाम*

शाम के पेचो-ख़म[1] सितारों से
ज़ीना-ज़ीना उतर रही है रात
यूँ सबा[2] पास से गुज़रती है
जैसे कह दी किसी ने प्यार की बात
सह्ने-ज़िन्दाँ के बेवतन अशजार[3]
सरनिगूँ[4] मह्व[5] हैं बनाने में
दामने-आसमाँ पे नक़्शो-निगार

शान:-ए-बाम[6] पर दमकता है
मेह्रबाँ चाँदनी का दस्ते-जमील[7]
ख़ाक में घुल गई है आबे-नजूम[8]
नूर[9] में घुल गया है अर्श[10] का नील[11]
सब्ज़ गोशों[12] में नीलगूँ[13] साए
लहलहाते हैं जिस तरह दिल में
मौजे-दर्दे-फ़िराक़े-यार[14] आए
दिल से पैहम[15] ख़याल कहता है
इतनी शीरीं[16] है ज़िन्दगी इस पल
ज़ुल्म का ज़ह्र घोलने वाले
कामराँ[17] हो सकेंगे आज न कल
जलवागाहे-विसाल[18] की शम्एँ
वो बुझा भी चुके अगर तो क्या
चाँद को गुल[19] करें, तो हम जानें

---

* इस नज़्म का शीर्षक 'दस्ते-सबा' में 'ज़िन्दाँ की एक शाम' है।

1. चक्कर काटते हुए, 2. ठंडी हवा, 3. पेड़ (बहुवचन में), 4. सर झुकाए हुए, 5. तल्लीन, 6. छत के ऊपर, 7. सुन्दर हाथ, 8. सितारों की चमक, 9. प्रकाश, 10. आसमान, 11. नीलापन, 12. हरे कोनों, 13. नीले रंग के, 14. लहर, तरंग, प्रेमिका के वियोग की पीड़ा की लहर, 15. निरन्तर 16. मीठी, 17. कामयाब, 18. मिलन का जल्वा दिखाने की जगह (प्रेमिका का घर), 19. बुझाना।

"ऐ रौशनियों के शहर"

सब्ज़ा-सब्ज़ा सूख रही है फ़ीकी, ज़र्द दोपहर
दीवारों को चाट रहा है तनहाई का ज़हर
दूर उफ़क़[1] तक घटती, बढ़ती, उठती, गिरती रहती है
कुह्‌र[2] की सूरत बे-रौनक़ दर्दों की गँदली लहर
बसता है उस कुह्र के पीछे रौशनियों का शहर
ऐ रौशनियों के शहर
ऐ रौशनियों के शहर

कौन कहे किस सिम्त[3] है तेरी रौशनियों की राह
हर जानिब बे-नूर खड़ी है हिज्र[4] की शहरपनाह
थककर हर सू[5] बैठ रही है शौक़ की माँद सिपाह[6]
आज मिरा दिल फ़िक्र में है

ऐ रौशनियों के शहर
शबख़ूँ[7] से मुँह फेर न जाए अरमानों की रौ
ख़ैर हो तेरी लैलाओं की, उन सबसे कह दो
आज की शब जब दिये जलाएँ ऊँची रक्खें लौ

ज़िन्दाँनामे के बाद का ज़माना कुछ ज़ेहनी अफ़रातफ़री का ज़माना है जिसमें अपना अख़बारी पेशा छूटा, एक बार जेलख़ाने गए। मार्शल लॉ का दौर आया और ज़ेहनी और गिर्दो-पेश[8] की फ़िज़ा में फिर से कुछ इंसिदाद[9] राह और कुछ नई राहों की तलब का एहसास पैदा हुआ। उस सुकून[10] और इन्तज़ार की आइनादार[11] एक नज़्म है 'शाम' और एक नामुकम्मल ग़ज़ल के चन्द अशआ'र।

कब ठहरेगा दर्द, ऐ दिल, कब रात बसर होगी
—फ़ैज़

---

1. क्षितिज, 2. कुहरा, 3. ओर, तरफ़, 4. विरह, 5. हर तरफ़, 6. फ़ौज, 7. रात के अँधेरे में किया जाने वाला अचानक आक्रमण, 8. चारों तरफ़, 9. बन्द, 10. सन्नाटा, 11. आइना दिखाने वाला।

क्रम

कतअ:

ये: ख़ूँ की महक है के: लबे-यार की ख़ुशबू

ये: ख़ूँ की महक है के: लबे-यार की ख़ुशबू
किस राह की जानिब से सदा आती है देखो
गुलशन में बहार आई, के: ज़िन्दाँ[1] हुआ आबाद
किस सिम्त[2] से नग़मों की सदा आती है देखो

फ़रवरी, 1957

1. जेल, 2. दिशा।

दस्ते-तहे-संग आमदः

बेज़ार फ़ज़ा, दर पः-ए-आज़ारे-सबा[1] है
यूँ है कि हर इक हमदमे-दैरीनः[2] ख़फ़ा है

हाँ, बादःकशो, आया है अब रंग पे मौसम
अब सैर के क़ाबिल रविशे-आबो-हवा है

उमड़ी है हर इक सिम्त से इल्ज़ाम की बरसात
छाई हुई हर दाँग[3] मलामत[4] की घटा है

वो चीज़ भरी है कि सुलगती है सुराही
हर कासः-ए-मय[5] ज़ह्रे हलाहल से सिवा[6] है

हाँ जाम उठाओ कि ब-यादे-लबे-शीरीं
ये ज़ह्र तो यारों ने कई बार पिया है

इस जज़्बः-ए-दिल की न सज़ा है न जज़ा है,
मक़सूदे-रहे-शौक़[7] वफ़ा है न जफ़ा है

---

1. सबा को तकलीफ पहुँचाने पर आमादा, 2. पुराना दोस्त, 3. दिशा, 4. निन्दा, 5. शराब का प्याला, 6. बढ़कर, 7. लालसा के मार्ग का लक्ष्य।

एहसासे-ग़मे-दिल जो ग़मे-दिल का सिला[1] है
उस हुस्न का एहसास है जो तेरी अ'ता[2] है

हर सुब्ह गुलिस्ताँ है तिरा रू-ए-बहारीं[3]
हर फूल तिरी याद का नक़्शे-कफ़े-पा है

हर भीगी हुई रात तिरी ज़ुल्फ़ की शबनम
ढलता हुआ सूरज तिरे होठों की फ़ज़ा है

हर राह पहुँचती है तिरी चाह के दर तक
हर हर्फ़े-तमन्ना तिरे क़दमों की सदा है

ता'ज़ीरे-सियासत[4] है, न ग़ैरों की ख़ता है
वो ज़ुल्म तो हमने दिले-वहशी पे किया है

ज़िन्दाने-रहे-यार में पाबन्द हुए हम
ज़ंजीर-ब-कफ़[5] है, न कोई बन्द-ब-पा[6] है

"मजबूरी-ओ-दावा-ए-गिरफ़्तारी-ए-उल्फ़त
दस्ते-तहे-संग आमदः[7] पैमाने-वफ़ा[8] है"

---

1. पुरस्कार, 2. दी हुई चीज़, उपहार, 3. लिखा हुआ चेहरा, 4. राजनीति का बन्धन, 5. हाथ में ज़ंजीर, 6. पैर में बन्धन, 7. पत्थर के नीचे आया हुआ हाथ, 8. वचन निभाने की प्रतिज्ञा।

क़तअ:

मयख़ानों की रौनक हैं, कभी ख़ानक़हों की

मयख़ानों की रौनक हैं, कभी ख़ानक़हों की
अपना ली हवसवालों ने जो रस्म चली है
दिलदारी-ए-वाइज़ को हमीं बाक़ी हैं वरन:
अब शह्र में हर रिन्दे-ख़राबात वली है

जुलाई, 1957

सफ़रनामा

1. पेकिंग

यूँ गुमाँ होता है बाज़ू हैं मिरे साठ करोड़
और आफ़ाक़[1] की हद तक मिरे तन की हद है
दिल मिरा कोहो-दमन[2] दश्तो-चमन की हद है
मेरे कीसे[3] में है रातों का सियहफ़ाम जलाल
मेरे हाथों में है सुब्हों की अ'नाने-गुलगूँ[4]
मेरी आग़ोश में पलती है ख़ुदाई सारी
मेरे मक़दूर[5] में है मोजज़ए-कुन फ़यकून[6]

2. सिंकियांग

अब कोई तब्ल बजेगा न कोई शाह सवार
सुब्ह दम मौत की वादी को रवाना होगा
अब कोई जंग न होगी न कभी रात गए
ख़ून की आग को अश्कों से बुझाना होगा

---

1. क्षितिज, 2. पहाड़ और टीले, 3. जेब, 4. फूल के रंग का अन्तरिक्ष, 5. अनुमान, 6. "हो जा" कहने से ही सृष्टि के बन जाने की अलौकिक घटना "कुन फ़यकुन" कुरआन शरीफ़ की आयत का एक अंश है।

कोई दिल धड़केगा शब-भर न किसी आँगन में
वहम मनहूस परिन्दे की तरह आएगा
सहम, ख़ूँख़्वार दरिन्दे की तरह आएगा
अब कोई जंग न होगी मयो-साग़र लाओ
ख़ूँ लुटाना न कभी अश्क बहाना होगा
साक़िया रक़्स कोई रक़्से-सबा की सूरत
मुतरिबा[1] कोई ग़ज़ल रंगे-हिना की सूरत

1. गायिका।

बिसाते-रक़्स पे सद शर्क़ो-ग़रब से सरे-शाम

बिसाते-रक़्स पे सद[1] शर्क़ो-ग़रब[2] से सरे-शाम
दमक रहा है तेरी दोस्ती का माहे-तमाम

छलक रही है तिरे हुस्ने-मेह्रबाँ की शराब
भरा हुआ है लबालब हर इक निगाह का जाम

गले में तंग तिरे हर्फ़े-लुत्फ़ की बाँहें
पसे-ख़याल कहीं साइते-सफ़र का पयाम

अभी से याद में ढलने लगी है सोहबते-शब
हरेक-रू-ए-हसीं हो चला है बेश हसीं

मिले कुछ ऐसे जुदा यूँ हुए कि 'फ़ैज़' अबके
जो दिल पे नक़्श बनेगा वो गुल है दाग़ नहीं

हांगचाओ, चीन
जुलाई, 1956

1. सैकड़ों, 2. उदयाचल और अस्ताचल।

नज़्म

जश्न का दिन

जुनूँ की याद मनाओ कि जश्न का दिन है
सलीबो-दार[1] सजाओ कि जश्न का दिन है

तरब[2] की बज़्म है बदलो दिलों के पैराहन[3]
जिगर के चाक सिलाओ कि जश्न का दिन है

तुनुक-मिज़ाज है साक़ी न रंगे-मय देखो
भरे जो शीश: चढ़ाओ कि जश्न का दिन है

तमीज़े-रहबरो-रहज़न[4] करो न आज के दिन
हर इक से हाथ मिलाओ कि जश्न का दिन है

है इन्तज़ारे-मलामत में नासहों[5] का हुजूम
नज़र सँभाल के जाओ कि जश्न का दिन है

---

* इस नज़्म की ग्यारहवीं और बारहवीं पंक्तियाँ 'नुस्ख़: हा-ए-वफ़ा' में संकलित 'दस्ते-तहे-संग' में नहीं दी गई हैं।

1. सूली और फाँसी, 2. उल्लास, 3. वस्त्र, 4. मार्गदर्शक और बटमार का अन्तर, 5. उपदेशकों।

बहुत अज़ीज़ हो लेकिन शिकस्तः दिल यारो
तुम आज याद न आओ कि जश्न का दिन है

वह शोरिशे-ग़मे-दिल जिसकी लय नहीं कोई
ग़ज़ल की धुन में सुनाओ कि जश्न का दिन है

मार्च, 1957

क़तअ:

रात ढलने लगी है सीनों में

रात ढलने लगी है सीनों में
आग सुलगाओ आबगीनों[1] में
दिले-उश्शाक़[2] की ख़बर लेना
फूल खिलते हैं इन महीनों में

मार्च, 1957

---

1. शराब की बोतल, 2. प्रेमियों के हृदय।

क़तअ:

आज तनहाई किसी हमदमे-दैरीं की तरह

आज तनहाई किसी हमदमे-दैरीं[1] की तरह
करने आई है मेरी साक़ीगरी शाम ढले
मुन्तज़िर बैठे हैं हम दोनों के: महताब[2] उभरे
और तेरा अक्स झलकने लगे हर साये तले

अप्रैल, 1957

1. पुराना दोस्त, 2. चन्द्रमा।

शाम

इस तरह है कि हर इक पेड़ कोई मन्दिर है
कोई उजड़ा हुआ, बे-नूर पुराना मन्दिर
ढूँढ़ता है जो ख़राबी के बहाने कब से
चाक हर बाम, हर इक दर का दमे-आख़िर है
आसमाँ कोई पुरोहित है जो हर बाम तले
जिस्म पर राख मले, माथे पर सिन्दूर मले
सरनिगूँ[1] बैठा है चुपचाप न जाने कब से
इस तरह है कि पसे-पर्दः कोई साहिर[2] है
जिसने आफ़ाक़[3] पे फैलाया है यूँ सहर[4] का दाम[5]
दामने-वक़्त से पैवस्त है यूँ दामने-शाम
अब कभी शाम बुझेगी न अँधेरा होगा
अब कभी रात ढलेगी न सवेरा होगा
आसमाँ आस लिये है कि यह जादू टूटे
चुप की ज़ंजीर कटे, वक़्त का दामन छूटे
दे कोई शंख दुहाई, कोई पायल बोले
कोई बुत जागे, कोई साँवली घूँघट खोले

---

1. सर झुकाए, 2. जादूगर, 3. क्षितिज, 4. जादू, 5. जाल।

ग़ज़ल

जमेगी कैसे बिसाते-याराँ के:
शीश:-ओ-जाम बुझ गए हैं

जमेगी कैसे बिसाते-याराँ के: शीश:-ओ-जाम बुझ गए हैं
सजेगी कैसे शबे-निगाराँ[1] के: दिल सरे-शाम बुझ गए हैं

वो तीरगी[2] है रहे-बुताँ में चिराग़े-रुख़ है न शम्ए-वा'द:
किरन कोई आरज़ू की लाओ के: सब दरो-बाम बुझ गए हैं

बहुत सँभाला वफ़ा का पैमाँ मगर वो बरसी है अबके बरखा
हर एक इक़रार मिट गया है, तमाम पैग़ाम बुझ गए हैं

क़रीब आ ऐ महे-शबे-ग़म, नज़र पे खुलता नहीं कुछ इस दम
के: दिल पे किस-किसका नक़्श बाक़ी है, कौन से नाम बुझ गए हैं

बहार अब आके क्या करेगी के: जिनसे था जश्ने-रंगो-नग़्म:
वो गुल सरे-शाख़ जल गए हैं, वो दिल तहे-दाम बुझ गए हैं

---

1. प्रेमिकाओं की रात, 2. अँधेरा।

नज़्म

तुम ये कहते हो अब कोई चारा नहीं!

तुम ये कहते हो वो जंग हो भी चुकी
जिसमें रक्खा नहीं है किसी ने क़दम
कोई उतरा न मैदाँ में दुश्मन न हम
कोई सफ़[1] बन न पाई न कोई अ'लम[2]
मुन्तशिर[3] दोस्तों को सदा[4] दे सका
अजनबी दुश्मनों का पता दे सका
तुम ये कहते हो वो जंग हो भी चुकी
जिसमें रक्खा नहीं हमने अब तक क़दम

तुम ये कहते हो अब कोई चारा नहीं
जिस्म ख़स्त: है, हाथों में यारा[5] नहीं

अपने बस का नहीं बारे-संगे-सितम[6]
बारे-संगे-सितम, बारे-कुहसारे-ग़म[7]
जिसको छूकर सभी इक तरफ़ हो गए
बात की बात में जी-शरफ़[8] हो गए

---

1. पाँत, 2. झंडा, 3. बिखरे हुए, 4. आवाज़, 5. ताक़त, 6. अत्याचार के पत्थर का बोझ, 7. दुख के पहाड़ का बोझ, 8. श्रेयस्कर।

दोस्तो कू-ए-जानाँ की नामेह्रबाँ
ख़ाक पर अपने रौशन लहू की बहार
अब न आएगी क्या, अब खिलेगा न क्या
इस कफ़े-नाज़नीं[1] पर कोई लालाज़ार[2]
इस हज़ीं ख़ामुशी में न लौटेगा क्या
शोरे-आवाज़े-हक़्क़[3], नार:-ए-गीरो-दार[4]
शौक़ का इम्तहाँ जो हुआ सो हुआ
जिस्मो-जाँ का ज़ियाँ[5] जो हुआ सो हुआ
सूद[6] से पेशतर है ज़ियाँ और भी
दोस्तो, मातमे-जिस्मो-जाँ और भी
और भी तल्ख़तर इम्तहाँ और भी

जनवरी, 1958

---

1. सुन्दरी का हाथ, 2. पोश्त के फूलों का खेत, 3. सत्य के स्वर की गूँज, 4. गिरफ़्तार करनेवालों और फाँसी के फन्दे का नारा, 5. हानि, 6. फ़ायदा।

क़तअ:

न दीद है न सुख़न, अब न हर्फ़ है न पयाम

न दीद है न सुख़न, अब न हर्फ़ है न पयाम
कोई भी हील:-ए-तस्कीं नहीं और आस बहुत है
उम्मीदे-यार, नज़र का मिज़ाज, दर्द का रंग
तुम आज कुछ भी न पूछो कि दिल उदास बहुत है

जनवरी, 1958

बे-दम हुए बीमार दवा क्यों नहीं देते

बे-दम हुए बीमार दवा क्यों नहीं देते
तुम अच्छे मसीहा हो शफ़ा क्यों नहीं देते

दर्दे-शबे-हिज्राँ की जज़ा[1] क्यों नहीं देते
ख़ूने-दिले-वहशी का सिला[2] क्यों नहीं देते

मिट जाएगी मख़लूक़ तो इनसाफ़ करोगे
मुंसिफ़ हो तो अब हश्र[3] उठा क्यों नहीं देते

हाँ नुक़्ता:वरो[4], लाओ लबो-दिल की गवाही
हाँ नग़्म:गरो, साज़ सदा क्यों नहीं देते

पैमाने-जुनूँ[5] हाथों को शरमाएगा कब तक
दिलवालो, गरेबाँ का पता क्यों नहीं देते

बर्बादी-ए-दिल जब्र नहीं 'फ़ैज़' किसी का
वह दुश्मने-जाँ है तो भुला क्यों नहीं देते

लाहौर जेल,
31 दिसम्बर, 1958

1. पुरस्कार, 2. इनाम, 3. प्रलय का दिन, 4. मर्म की बात जाननेवालों, 5. उन्माद का प्रण।

शोरिशे-ज़ंजीर बिस्मिल्लाह

हुई फिर इम्तहाने-इ'श्क़ की तदबीर बिस्मिल्लाह
हर इक जानिब मचा कुहरामे-दारो-गीर बिस्मिल्लाह
गली-कूचों में बिखरी शोरिशे-ज़ंजीर बिस्मिल्लाह

दरे-ज़िन्दाँ पे बुलवाए गए फिर से जुनूँवाले
दरीद:[1] दामनोंवाले, परीशाँ गेसुओंवाले
जहाँ में दर्दे-दिल की फिर हुई तौक़ीर[2] बिस्मिल्लाह
हुई फिर इम्तहाने-इ'श्क़ की तदबीर बिस्मिल्लाह

गिनो सब दाग़ दिल के, हसरतें शौक़ीं निगाहों की
सरे-दरबार पुर्सिश[3] हो रही है फिर गुनाहों की
करो यारो शुमारे-नाल:-ए-शबगीर बिस्मिल्लाह

सितम की दास्ताँ कुश्त: दिलों का माजरा कहिए
जो ज़ेरे-लब न कहते थे वो सब कुछ बरमला[4] कहिए

1. फटे हुए, 2. गौरव, गरिमा, 3. पूछ-गछ, 4. खुलकर, मुँह पर।

मुसिर है मुहतसिब राज़े-शहीदाने वफ़ा कहिए
लगी है हर्फ़े-नागुफ्त:[1] पे अब ता'ज़ीर[2] बिस्मिल्लाह
सरे-मक़तल चलो बे-ज़हमते-तक़सीर[3] बिस्मिल्लाह
हुई फिर इम्तहाने-इ'श्क़ की तदबीर बिस्मिल्लाह

लाहौर जेल,
जनवरी, 1959

---

1. अनकही, 2. पाबन्दी, 3. अपराध करने का कष्ट किए बिना।

आज बाज़ार में पा-ब-जौलाँ चलो

चश्मे-नम, जाने शोरीदा[1] काफ़ी नहीं
तुहमते-इश्क़े-पोशीदा[2] काफ़ी नहीं
आज बाज़ार में पा-ब-जौलाँ[3] चलो

दस्त-अफ़्शाँ[4] चलो, मस्तो-रक़्साँ[5] चलो
ख़ाक-ब-सर चलो, ख़ूँ-ब-दामाँ चलो
राह तकता है सब शह्रे-जानाँ चलो

हाकिमे-शह्र भी, मजमए-आ'म भी
तीरे-इल्ज़ाम भी, संगे-दुश्नाम[6] भी
सुब्हे-नाशाद भी, रोज़े-नाकाम भी

इनका दमसाज़[7] अपने सिवा कौन है
शह्रे-जानाँ में अब बा-सफ़ा[8] कौन है
दस्ते-क़ातिल के शायाँ[9] रहा कौन है

---

1. उद्विग्न प्राण, 2. गुप्त प्रेम का लाँछन, 3. पैर में ज़ंजीर डाले, 4. हाथ छोड़कर, 5. मस्त और नाचते हुए, 6. गाली का पत्थर, 7. हमदर्द, 8. पवित्र, 9. योग्य।

रख़्ते-दिल[1] बाँध लो दिलफ़िगारो चलो
फिर हमीं क़त्ल हो आएँ यारो चलो

लाहौर जेल,
11 फ़रवरी, 1959

1. दिल के सफ़र का सामान।

ग़ज़ल

ये जफ़ा-ए-ग़म का चार:, वो नजाते-दिल का आ'लम

ये जफ़ा-ए-ग़म का चार:, वो नजाते-दिल का आ'लम
तिरा हुस्न दस्ते-ई'सा[1], तिरी याद रू-ए-मरियम[2]

दिलो-जाँ फ़िदा-ए-राहे[3] कभी आके देख हमदम
सरे-कू-ए-दिलफ़िगाराँ[4] शबे-आरज़ू का आ'लम

तिरी दीद से सिवा है तिरे शौक़ में बहाराँ
वो ज़मीं जहाँ गिरी है तिरे गेसुओं की शबनम

दये अजब क़यामतें हैं तिरी रहगुज़र में गुज़राँ
न हुआ कि मर मिटें हम, न हुआ के: जी उठें हम

दलो सुनी गई हमारी, यूँ फिरे हैं दिन के: फिर से
वही गोश:-ए-क़फ़स[5] है, वही फ़स्ले-गुल का मातम

लाहौर जेल,
फ़रवरी, 1959

---

1. ईसा का हाथ, 2. मरियम का चेहरा, 3. राह में निछावर, 4. टूटे हुए दिलवालों की गली में, 5. पिंजरे का कोना।

क़ैदे-तनहाई

दूर आफ़ाक़[1] पे लहराई कोई नूर की लह्र
ख़्वाब ही ख़्वाब में बेदार हुआ दर्द का शह्र
ख़्वाब ही ख़्वाब में बे-ताब नज़र होने लगी
अ'दम आबादे-जुदाई[2] में सहर होने लगी
कास:-ए-दिल[3] में भरी अपनी सुबूही[4] मैंने
घोलकर तल्ख़ी-ए-दीरोज़[5] में इमरोज़ का ज़ह्र

दूर आफ़ाक़ पे लहराई कोई नूर की लह्र
आँख से दूर किसी सुब्ह की तमहीद[6] लिये
कोई नग़म:, कोई ख़ुशबू, कोई काफ़िर सूरत
अ'दम आबादे-जुदाई में मुसाफ़िर सूरत
बे-ख़बर गुज़री परीशानी-ए-उम्मीद लिये
घोलकर तल्ख़ी-ए-दीरोज़ में इमरोज़ का ज़ह्र
हसरते-रोज़े-मुलाकात रक़म की मैंने

1. क्षितिज, 2. विरह का यमलोक, 3. हृदय का भिक्षा-पात्र, 4. सुबह पीने की शराब, 5. बीते दिनों की कड़वाहट, 6. भूमिका।

देस-परदेस के याराने-क़दहख़्वार[1] के नाम
हुस्ने-आफ़ाक़[2], जमाले-लबो-रुख़सार[3] के नाम

जेल, क़िला लाहौर
मार्च, 1959

1. शराब पीनेवाले दोस्तों, 2. उषाओं के सौन्दर्य, 3. होंठों और कपोलों की सुन्दरता।

क़तअ:

हम खस्त:तनों से मुहतसिबो क्या माल मनाल का पूछते हो

हम खस्त:तनों[1] से मुहतसिबो[2] क्या माल मनाल[3] का पूछते हो
जो उम्र से हमने भर-पाया सब सामने लाए देते हैं
दामन में है मुश्ते-ख़ाके-जिगर[4], साग़र में है ख़ूने-हसरते-मय[5]
लो हमने दामन थाम लिया, लो जाम उलटाए देते हैं

क़िला लाहौर,
मार्च, 1959

1. निधन, 2. अधिकारी, 3. सम्पत्ति, 4. जिगर की मुट्‌ठी-भर ख़ाक, 5. शराब की लालसा का ख़ून।

ज़िन्दगी

मलिकए - शहरे - ज़िन्दगी तेरा
शुक्र किस तौर से अदा कीजै
दौलते-दिल का कुछ शुमार नहीं
तंगदस्ती का क्या गिला कीजै

जो तिरे हुस्न के फ़क़ीर हुए
उनको तशवीशे - रोज़गार[1] कहाँ
दर्द बेचेंगे गीत गाएँगे
इससे ख़ुशवक़्त कारोबार कहाँ

जाम छलका तो जम गई महफ़िल
मिन्नते - लुत्फ़े - ग़मगुसार[2] किसे?
अश्क टपका तो खिल गया गुलशन
रंजे - कमज़र्फ़िए - बहार[3] किसे?

---

1. काम की चिन्ता, 2. सहानुभूति करने वाले के आनन्द की प्रार्थना, 3. बहार के ओछेपन का दुख।

ख़ुशनशीं हैं कि चश्म-ओ-दिल की मुराद
दैर में है न ख़ानक़ाह में हैं
हम कहाँ क़िस्मत आजमाने जाएँ
हर सनम अपनी चारगाह में है

कौन ऐसा ग़नी[1] है जिससे कोई
नक़्दे - शम्सो - क़मर[2] की बात करे
जिसको शौक़े - नबर्द[3] हा हमसे
जाए तस्ख़ीर - कायनात[4] करे

जून, 1959

1. धनी, 2. चाँद-सूरज रूपी द्रव्य, 3. लड़ाई का शौक़, 4. सृष्टि-विजय।

ग़ज़ल

तिरे ग़म को जाँ की तलाश थी,
तिरे जाँ-निसार चले गए

तिरे ग़म को जाँ की तलाश थी, तिरे जाँ-निसार चले गए
तिरी रह में करते थे सर तलब, सरे-रहगुज़ार चले गए

तिरी कज-अदाई[1] से हारके शबे-इन्तज़ार चली गई
मिरे ज़ब्ते-हाल[2] से रूठकर मिरे ग़मगुसार चले गए

न सवाले-वस्ल, न अ'र्ज़े-ग़म, न हिकायतें न शिकायतें
तिरे अ'ह्द[3] में दिले-ज़ार के सभी इख़्तियार चले गए

ये हमीं थे जिनके लिबास पर सरे-रू सियाही लिखी गई
यही दाग़ थे जो सजा के हम सरे-बज़्मे-यार चले गए

न रहा जुनूने-रुख़े-वफ़ा, ये रसन ये दार करोगे क्या
जिन्हें जुर्म-इ'श्क़ पे नाज़ था वो गुनाहगार चले गए

जुलाई, 1959

---

1. बाँकी अदाएँ दिखाना 2. अपनी दशा पर सन्तोष, 3. युग।

क़तअ:

आ गई, फ़स्ले-सुकूँ चाक गरेबाँ वालो

आ गई, फ़स्ले-सुकूँ[1] चाक गरेबाँ वालो[2]
सिल गए होंठ, कोई ज़ख़्म सिले या न: सिले
दोस्तो बज़्म सजाओ के: बहार आई है
खिल गए ज़ख़्म, कोई फूल खिले या न: खिले

अप्रैल, 1959

1. शान्ति का मौसम, 2. दीवानों।

क़तअ:

ढलती है मौजे-मय की तरह रात इन दिनों

ढलती है मौजे-मय[1] की तरह रात इन दिनों
खिलती है सुब्हे-गुल की तरह रंगो-बू से पुर[2]
वीराँ है जाम, पास[3] करो कुछ बहार का
दिन आरज़ू से पुर करो, आँखें लहू से पुर

फ़रवरी, 1959

1. शराब की लहर, 2. भरी हुई, 3. ख़याल ध्यान।

कब ठहरेगा दर्द ऐ दिल, कब रात बसर होगी

कब ठहरेगा दर्द ऐ दिल, कब रात बसर होगी
सुनते थे वो आएँगे, सुनते थे सहर होगी

कब जान लहू होगी, कब अश्क गुहर[1] होगा
किस दिन तिरी शनवाई[2] ऐ दीद:-ए-तर होगी

कब महकेगी फ़स्ले-गुल, कब बहकेगा मयख़ान:
कब सुब्हे-सुख़न होगी, कब शामे-नज़र होगी

वाइ'ज़[3] है न ज़ाहिद[4] है, नासेह है न क़ातिल है
अब शह्र में यारों की किस तरह बसर होगी

कब तक अभी रह देखें ऐ क़ामते-जानान:[5]
कब हश्र मुअ'य्यन[6] है तुझको तो ख़बर होगी

दिसम्बर, 1959

---

1. मोती, 2. सुनवाई, 3. धर्मोपदेशक, 4. नियम-संयम का पालन करनेवाला, 5. प्रेमिका का डीलडौल (शरीर), 6. निश्चित।

दो मर्सिए

1. मुलाक़ात मिरी

सारी दीवार सियह हो गई ता हल्क़:-ए-बाम[1]
रास्ते बुझ गए, रुख़सत हुए रहगीर तमाम
अपनी तनहाई से गोया हुई फिर रात मिरी
हो न हो आज फिर आई है मुलाक़ात मिरी
इक हथेली पे हिना, एक हथेली पे लहू
इक नज़र ज़ह्र लिये, एक नज़र में दारू

देर से मंज़िले-दिल में कोई आया न गया
फ़ुरक़ते-दर्द में बे-आब हुआ तख़्त:-ए-दाग़
किससे कहिए कि भरे रंग से ज़ख़्मों के अयाग़[2]
और फिर ख़ुद ही चली आई मुलाक़ात मिरी
आशना[3] मौत जो दुश्मन भी है ग़मख़्वार भी है
वो जो हम लोगों की क़ातिल भी है दिलदार भी है

1. ऊपर के घेरे तक, 2. सुरा-पात्र, 3. परिचित।

2. ख़त्म हुई बारिशे-संग

नागहाँ[1] आज मेरे तारे-नज़र से कटकर
टुकड़े-टुकड़े हुए आफ़ाक़[2] पे खुर्शीदो-क़मर[3]
अब किसी सिम्त[4] अँधेरा न उजाला होगा
बुझ गई दिल की तरह राहे-वफ़ा मेरे बाद
दोस्तो, क़ाफ़िला-ए-दर्द का अब क्या होगा

अब कोई और करे परवरिशे-गुलशने-ग़म[5]
दोस्तो, ख़त्म हुई दीदा-ए-तर की शबनम[6]
थम गया शोरे-जुनूँ, ख़त्म हुई बारिशे-संग[7]
ख़ाके-रह आज लिये है लबे-दिलदार का रंग
कू-ए-जानाँ में खुला मेरे लहू का परचम[8]
देखिए, देते हैं किस-किस को सदा मेरे बाद
"कौन होता है हरीफ़े-मये-मर्द अफ़गने-इश्क़[9]
है मुक़र्रर[10] लबे-साक़ी पे सला[11] मेरे बाद"

---

1. अचानक, 2. आसमान, 3. सूरज व चाँद, 4. दिशा, 5. ग़म की वाटिका की देखभाल, 6. भीगी आँखों की ओस, 7. पत्थरों की वर्षा, 8. ध्वज, 9. प्रेम की शक्तिशाली मदिरा का प्रतिद्वंद्वी, 10. बार-बार, 11. पुकार।

क़तअ:

इन दिनों रस्मो-रहे-शह्रे-निगाराँ क्या है

इन दिनों रस्मो-रहे-शह्रे-निगाराँ[1] क्या है
क़ासिदा[2], क़ीमते-गुलगश्ते-बहाराँ[3] क्या है
कू-ए-जानाँ[4] है कि मक़तल[5] है कि मयख़ान: है
आजकल सूरते-बर्बादी-ए-याराँ क्या है

1. रूपनगर की रस्म, 2. सन्देशवाहक, 3. बहार की सैर की क़ीमत, 4. प्रेमिका की गली, 5. क़त्ल होने की जगह।

आज यूँ मौज-दर-मौज ग़म थम गया

आज यूँ मौज-दर-मौज ग़म थम गया
इस तरह गमज़दों को क़रार आ गया
जैसे ख़ुशबू-ए-ज़ुल्फ़े-बहार आ गई
जैसे पैग़ामे-दीदारे-यार आ गया

जिसकी दीदो-तलब वह्म समझे थे हम
रू-ब-रू फिर सरे-रहगुज़ार आ गया
सुब्हे-फ़र्दा[1] को फिर दिल तरसने लगा
उम्रे-रफ़्त[2] तिरा ए'तबार आ गया

रुत बदलने लगी रंगे-दिल देखना
रंगे-गुलशन से अब हाल खुलता नहीं
ज़ख़्म छलका कोई या कोई गुल खिला
अश्क उमड़े कि अब्रे-बहार आ गया

---

1. आनेवाला सवेरा, 2. बीता जीवन।

ख़ूने-उ'श्शाक़[1] से जाम भरने लगे
दिल सुलगने लगे, दाग़ जलने लगे
महफ़िले-दर्द फिर रंग पर आ गई
फिर शबे-आरज़ू पर निखार आ गया

सरफ़रोशी के अन्दाज़ बदले गए
दा'वते-क़त्ल पर मक़तले-शह्र में
डालकर कोई गर्दन में तौक़ आ गया
लादकर कोई काँधे पे दार[2] आ गया

'फ़ैज़' क्या जानिए यार किस आस पर
मुन्तज़िर हैं कि लाएगा कोई ख़बर
मयकशों पर हुआ मुह्तसिब[3] मेह्रबाँ
दिलफ़िगारों पे क़ातिल को प्यार आ गया

---

1. प्रेमियों का ख़ून, 2. फाँसी, सूली, 3. शराब पीने से रोकनेवाला और शराबख़ानों की निगरानी करनेवाला कर्मचारी।

कहाँ जाओगे

और कुछ देर में लुट जाएगा, हर बाम पे चाँद
अ'क्स खो जाएँगे आईने तरस जाएँगे
अ'र्श के दीदः-ए-नमनाक से बारी-बारी
सब सितारे सरे-ख़ाशाक़[1] बरस जाएँगे
आस के मारे थके-हारे शबिस्तानों[2] में
अपनी तनहाई समेटेगा, बिछाएगा कोई
बे-वफ़ाई की घड़ी, तर्के-मुदारात[3] का वक़्त
इस घड़ी अपने सिवा याद न आएगा कोई
तर्के-दुनिया का समाँ, ख़त्मे-मुलाक़ात का वक़्त
इस घड़ी ऐ दिले-आवारः कहाँ जाओगे
इस घड़ी कोई किसी का भी नहीं, रहने दो
कोई इस वक़्त मिलेगा ही नहीं, रहने दो
और मिलेगा भी तो इस तौर कि पछताओगे
इस घड़ी ऐ दिले-आवारः कहाँ जाओगे
और कुछ देर ठहर जाओ कि फिर नश्तरे-सुब्ह
ज़ख़्म की तरह हर इक़ आँख को बेदार करे

1. घास-फूस पर, 2. शयन-कक्ष, 3. आदर-सम्मान को त्यागना।

और हर कुश्त:-ए-वामान्दगी-ए-आख़िरे-शब[1]
भूलकर साअ'ते-दरमान्दगी-ए-आख़िरे-शब[2]
जान-पहचान मुलाक़ात पे इसरार[3] करे

दिसम्बर, 1961

---

1. पिछले पहर की थकावट का मारा हुआ, 2. पिछले पहर की बेकसी का समय, 3. आग्रह।

यक-ब-यक शोरिशे-फ़ुग़ाँ की तरह

यक-ब-यक शोरिशे-फ़ुग़ाँ[1] की तरह
फ़स्ले-गुल आई इम्तहाँ की तरह

सह्ने-गुलशन में बहरे-मुश्ताक़ाँ[2]
हर रविश खिंच गई कमाँ की तरह

फिर लहू से हर एक कास:-ए-दाग़[3]
पुर हुआ जामे-अर्ग़वाँ[4] की तरह

याद आया जुनूने-गुमगश्त:[5]
बे-तलब[6] क़र्ज़े-दोस्ताँ की तरह

जाने किस पर हो मेह्रबाँ क़ातिल
बे-सबब मर्गे-नागहाँ[7] की तरह

हर सदा पर लगे हैं कान यहाँ
दिल सँभाले रहो ज़ुबाँ की तरह

मई, 1962

---

1. रोने की आवाज़, 2. इच्छुकों के लिए, 3. दाग़ (घाव) का भिक्षा-पात्र, 4. लाल जाम, 5. खोया हुआ उन्माद, 6. जो माँगा न जाए, 7. अचानक मौत।

शह्रे-याराँ

आसमाँ की गोद में दम तोड़ता है तिफ़्ले-अब्र[1]
जम रहा है अब्र के होठों पे ख़ूँ-आलूद कफ़

बुझते-बुझते बुझ गई है अ'र्श[2] के हुजरों[3] में आग
धीरे-धीरे बिछ रही है मातमी तारों की सफ़

ऐ सबा, शायद तेरे हमराह के ख़ूँनाक शाम
सर झुकाए जा रही है शह्रे-याराँ की तरफ़

शह्रे-याराँ जिसमें इस दम ढूँढ़ती फिरती है मौत
शेरदिल बाँकों में अपने तीरो-नश्तर के हदफ़[4]

इक तरफ़ बजती है जोशे-ज़ीस्त[5] की शहनाइयाँ
इक तरफ़ चिंघाड़ते हैं अह्रमन[6] के तब्लो-दफ़

1. मेघ-शिशु, 2. आकाश, 3. कोठरियों, 4. लक्ष्य, 5. जीवन का उत्साह, 6. बदी का ख़ुदा।

जाके कहना, ऐ सबा, बा'द अज़ सलामे-दोस्ती
आज शब जिस दम गुज़र हो शह्रे-याराँ की तरफ़

दश्ते-शब में इस घड़ी चुपचाप है शायद रवाँ
साक़ी-ए-सुब्हे-तरब,[1] नग़मः-ब-लब,[2] साग़र-ब-कफ़[3]

वो पहुँच जाए तो होगी फिर से बरपा अंजुमन
और तरतीबे-मुक़ामो-मनसबो-जाहो-शरफ़[4]

---

1. उल्लास के प्रभाव का साक़ी, 2. होंठों पर गीत लिये, 3. हाथ में सुरा-पात्र लिये, 4. स्थान, पदवी, रुतबे और श्रेय का क्रम।

न गँवाओ नावके-नीमकश,
दिले-रेज़ा-रेज़ा गँवा दिया

न गँवाओ नावके-नीमकश[1], दिले-रेज़ा-रेज़ा गँवा दिया
जो बचे हैं संग समेट लो, तने-दाग़-दाग़ लुटा दिया

मिरे चारःग़र को नवेद[2] हो, सफ़े-दुश्मनाँ को ख़बर करो
जो वो क़र्ज़ रखते थे जान पर वो हिसाब आज चुका दिया

करो कज जबीं पे सरे-कफ़न, मिरे क़ातिलों को गुमाँ न हो
कि ग़ुरूरे-इ'श्क़ का बाँकपन पसे-मर्ग[3] हमने भुला दिया

उधर एक हर्फ़ कि कुश्तनी[4], यहाँ लाख उ'ज्र[5] था गुफ़्तनी[6]
जो कहा तो सुनके उड़ा दिया, जो लिखा तो पढ़के मिटा दिया

जो रुके तो कोहे-गराँ[7] थे हम, जो चले तो जाँ से गुज़र गए
रहे-यार हमने क़दम-क़दम तुझे यादगार बना दिया

---

1. आधा खिंचा हुआ तीर, 2. ख़ुशख़बरी, 3. मरने के बाद, 4. मार देनेवाला, 5. विवशता, 6. कहने योग्य, 7. बहुत बड़ा पहाड़।

ख़ुशा ज़मानते-ग़म

दयारे-यार तिरी जोशिशे-जुनूँ पे सलाम
मिरे वतन तिरे दामाने-तार-तार की ख़ैर
रहे-यक़ीं[1] तिरी अफ़शाने-ख़ाको-ख़ूँ पे सलाम
मिरे चमन तिरे ज़ख़्मों के लाल:ज़ार की ख़ैर
हर एक ख़ान:-ए-वीराँ[2] की तीरगी पे सलाम
हर एक ख़ाक-ब-सर[3] ख़ानमाँ-ख़राब[4] की ख़ैर
हर एक कुश्त:-ए-नाहक़[5] की ख़ामशी पे सलाम
हरेक दीद:-ए-पुरनम की आबो-ताब की ख़ैर
रवाँ रहे ये रवायत:, ख़ुशा[6] ज़मानते-ग़म
निशाते-ख़त्मे-ग़मे-कायनात[7] से पहले
हर इक के साथ रहे दौलते-अमानते-ग़म
कोई नजात न पाए नजात से पहले
सुकूँ मिले न कभी तेरे पा-फ़िगारों[8] को
जमाले-ख़ूने-सरे-ख़ार को नज़र न लगे
अमाँ मिले न कहीं तेरे जाँनिसारों को
जलाले-फ़र्क़े-सरे-दार[9] को नज़र न लगे

लन्दन, 1962

---

1. आस्था का मार्ग, 2. उजड़ा घर, 3. जिसके सर में धूल हो, 4. जिसका घर उजड़ चुका हो, 5. अन्याय का मारा हुआ, 6. धन्य है, 7. संसार के दुख के अन्त का उल्लास, 8. घायल पैरोंवाले, 9. फाँसी चढ़नेवाले के माथे का तेज।

जब तेरी समन्दर आँखों में

यह धूप किनारा, शाम ढले
मिलते हैं दोनों वक़्त जहाँ

जो रात न दिन, जो आज न कल
पल-भर को अमर, पल-भर में धुआँ
इस धूप किनारे, पल दो पल
होंठों की लपक
बाँहों की खनक
यह मेल हमारा, झूठ न सच
क्यों रार करो, क्यों दोष धरो
किस कारन झूठी बात करो
जब तेरी समन्दर आँखों में
इस शाम का सूरज डूबेगा
सुख सोएँगे घर-दर वाले
और राही अपनी रह लेगा

लन्दन, 1963

नज़्म

रंग है दिल का मिरे

तुम न आए थे तो हर चीज़ वही थी कि जो है
आसमाँ हद्दे-नज़र, राहगुज़र राहगुज़र, शीश:-ए-मय
शीश:-ए-मय[1]

और अब शीश:-ए-मय, राहगुज़र, रंगे-फ़लक
रंग है दिल का मिरे "ख़ूने-जिगर होने तक"
चम्पई रंग कभी, राहते-दीदार[2] का रंग
सुर्मई रंग कि है साअ'ते-बेज़ार[3] का रंग
ज़र्द पत्तों का, ख़सो-ख़ार[4] का रंग
सुर्ख़ फूलों का, दहकते हुए गुलज़ार का रंग
ज़ह्र का रंग, लहू रंग, शबे-तार[5] का रंग
आसमाँ, राहगुज़र, शीश:-ए-मय
कोई भीगा हुआ दामन, कोई दुखती हुई रग
कोई हर लहज़ा बदलता हुआ आईना है

---

1. शराब का प्याला, 2. दर्शन का सुख, 3. शगुन जानने की व्याकुलता, 4. सुगन्धित घास और काँटे, 5. काली रात।

अब जो आए हो तो ठहरो कि कोई रंग, कोई रुत, कोई शै
एक जगह पर ठहरे
फिर से इक बार हर इक चीज़ वही हो कि जो है
आसमाँ-हद्दे-नज़र, राहगुज़र राहगुज़र, शीशः-ए-मय
शीशः ए-मय

मास्को,
अगस्त, 1963

पास रहो

तुम मेरे पास रहो
मेरे क़ातिल, मेरे दिलदार, मेरे पास रहो
जिस घड़ी, रात चले,
आसमानों का लहू पी के सियह[1] रात चले
मर्हमे-मुश्क[2] लिये नश्तरे-अल्मास[3] लिये
बैन करती हुई, हँसती हुई, गाती निकले
दर्द के कासनी[4] पाज़ेब बजाती निकले
जिस घड़ी सीनों में डूबे हुए दिल
आस्तीनों में निहाँ[5] हाथों की रह तकने लगें
आस लिये
और बच्चों के बिलखने की तरह क़ुलकुले-मय[6]
बह्रे-नासूदगी[7] मचले तो मनाए न मने
जब कोई बात बनाए न बने
जब न कोई बात चले

1. काली, 2. कस्तूरी का लेप, 3. हीरे का नश्तर, 4. एक प्रकार का पौधा, 5. छिपे हुए, 6. प्याले में शराब के गिरने की आवाज़, 7. असन्तोष का समुद्र।

जिस घड़ी रात चले
जिस घड़ी मातमी सुनसान, सियह रात चले
पास रहो
मेरे क़ातिल, मेरे दिलदार, मेरे पास रहो

तिरी उमीद, तिरा इन्तज़ार जब से है

तिरी उमीद, तिरा इन्तज़ार जब से है
न शब को दिन से शिकायत, न दिन को शब से है

किसी का दर्द हो करते हैं तेरे नाम रक़म
गिला है जो भी किसी से तिरे सबब से है

हुआ है जब से दिले-नासुबूर[1] बे-क़ाबू
कलाम तुझसे नज़र को बड़े अदब से है

अगर शरर[2] है तो भड़के, जो फूल है तो खिले
तरह-तरह की तलब, तेरे रंगे-लब से है

कहाँ गए शबे-फ़ुरक़त[3] के जागने वाले
सितार:-ए-सहरी[4] हमकलाम कब से है

बम्बई, 1957

---

* यह ग़ज़ल 'ज़िन्दाँनामा' में भी शामिल है और उसमें इसके लिखने का स्थान लाहौर और रचनाकाल मार्च, 1957 लिखा गया है।

1. अधीर हृदय, 2. ज़िन्दगी, 3. विरह की रात, 4. सुबह का सितारा।

ग़ज़ल

हर सम्त परीशाँ तिरी आमद के क़रीने

हर सम्त परीशाँ[1] तिरी आमद के क़रीने
धोखे दिए क्या-क्या हमें बादे-सहरी[2] ने

हर मंज़िले-गुरबत[3] पे गुमाँ होता है घर का
बहलाया है हर गाम बहुत दर-ब-दरी ने

ये बज़्म में सब दूदे-सरे-बज़्म[4] से शादाँ
बेकार जलाया हमें रौशननज़री ने

मयख़ाने में आ'जिज़ हुए आज़ुर्द:दिली[5] से
मस्जिद का न रक्खा हमें आशुफ़्त:सरी[6] ने

यह जाम:-ए-सदचाक[7] बदल लेने में क्या था
मुहलत ही न दी 'फ़ैज़' कभी बखिय:गरी ने

लन्दन, 1962

---

1. बिखरे हुए, 2. सुबह की हवा, 3. परदेस की मंज़िल, 4. महफ़िल पर छाया हुआ धुआँ, 5. दिल का दुखी होना, 6. सिरफिरापन, 7. सौ जगह से फटा हुआ कपड़ा।

ग़ज़ल

शरहे-फ़िराक़, मदहे-लबे-मुश्कबू करें

शरहे-फ़िराक़[1], मदहे-लबे-मुश्कबू[2] करें
गुरबतकदे[3] में किससे तिरी गुफ़्तगू करें

यार आशना[4] नहीं कोई टकराएँ किससे जाम
किस दिलरुबा के नाम पे ख़ाली सुबू[5] करें

सीने पे हाथ है न नज़र को तलाशे-बाम
दिल साथ दे तो आज ग़मे-आरज़ू करें

कब तक सुनेगी रात, कहाँ तक सुनाएँ हम
शिकवे गिले सब आज तिरे रू-ब-रू करें

हमदम, हदीसे-कू-ए-मलामत[6] सुनाइयो
दिल को लहू करें के: गरेबाँ रफ़ू करें

---

1. विरह की व्याख्या, 2. सुगन्धित होंठों की प्रशंसा, 3. परदेश, 4. यार से परिचित, 5. सुरा-पात्र, 6. निन्दा की गली की चर्चा।

आशुफ़्त:सर[1] हैं मुहतसिबो[2] मुँह न आइयो
सर बेच दें तो फ़िक्रे-दिलो-जाँ अ'दू[3] करें

"तरदामनी[4] पे शैख़, हमारी न जाइयो
दामन निचोड़ दें तो फ़रिश्ते वज़ू करें"

---

1. सिरफिरे, 2. प्रतिबन्ध लगानेवाले, 3. दुश्मन, 4. दामन का भीगा होना (गुनहगार होने का चिह्न)।

मंज़र

राहगुज़र, साये, शजर[1], मंज़िलो-दर, हल्क:-ए-बाम
बाम पर सीन:-ए-महताब[2] खुला आहिस्त:
जिस तरह खोले कोई बन्दे-क़बा, आहिस्त:
हल्क:-ए-बाम तले, सायों का ठहरा हुआ नील
नील की झील
झील में चुपके से तैरा किसी पत्ते का हुबाब[3]
एक पल तैरा, चला, फूट गया आहिस्त:
बहुत आहिस्त:, बहुत हल्का, ख़ुनुक[4] रंगे-शराब
मेरे शीशे में ढला आहिस्त:
शीश:-ओ-जाम, सुराही, तेरे हाथों के गुलाब
जिस तरह दूर किसी ख़्वाब का नक़्श
आप ही आप बना, और मिटा आहिस्त:

---

1. पेड़, 2. चाँद का सीना, 3. पानी का बुलबुला, 4. शीतल।

दिल ने दुहराया कोई हर्फ़े-वफ़ा आहिस्त:
तुमने कहा, "आहिस्त:!"
चाँद ने झुक के कहा
"और ज़रा आहिस्त:"

मास्को, 1964